PÉTITION

ADRESSÉE

A LA CHAMBRE DES DÉPUTÉS,

PAR HILAIRE NOYER.

PÉTITION

ADRESSÉE

A LA CHAMBRE DES DÉPUTÉS,

Par Hilaire Noyer.

Messieurs les Députés,

Permettez à un homme qui n'eut jamais d'autre ambition que celle de cultiver ses champs en paix, de s'adresser à vous pour obtenir justice des persécutions auxquelles il a été en butte pendant près de quinze mois.

Je n'ai jamais demandé ni désiré la faveur de personne ; jamais je n'ai sollicité ni possédé aucun emploi lucratif, aucune pension ; en un mot, on ne m'a jamais vu ni dans un club, ni dans une antichambre : c'est assez vous dire que je n'ai jamais fait partie d'aucune faction.

Cette conduite ne m'a cependant pas mis à l'abri des accusations ou des persécutions. Sous Robespierre, j'ai été accusé de ne pas aimer la

républiqne ; on a prétendu que j'étais républi-
cain , sous le despotisme impérial ; on m'a re-
proché d'être bonapartiste quand Bonaparte a
été relégué dans l'île d'Elbe ; j'ai été dénoncé,
pendant les cent jours , comme partisan des
Bourbons ; et après la seconde restauration,
j'ai été poursuivi , arrêté, mis en surveillance,
comme un ennemi de la légitimité.

Avant que de vous adresser mes plaintes, j'ai
été frappé par une considération qui m'a paru
grave. Comment , me suis-je dit , une assemblée
qui a les regards toujours fixés sur les intérêts
généraux du peuple, pourra-t-elle les détourner
un moment pour s'occuper d'un individu qui se
perd , en quelque sorte, dans la foule ? Comment
les intérêts d'un simple propriétaire , dont les
occupations sont renfermées dans le cercle étroit
de l'agriculture , et qui n'est revêtu d'aucune
dignité , pourront-ils distraire une assemblée
aussi imposante, des soins qu'elle donne aux intérêts publics ?

Cette considération m'a arrêté quelque tems ;
mais elle ne m'a point retenu. Je me suis dit que
si un simple propriétaire qui s'occupe de la
culture de ses champs est peu de chose ; un
manufacturier qui s'occupe de ses atteliers, ou
un négociant qui s'occupe de son commerce,
ne sont pas des personnages plus considérables;
que, si les intérêts individuels de ces personnes
ne méritaient pas que les députés de la nation
s'en occupassent, il ne resterait plus à s'occuper

que des gens en place, et qu'il faudrait protéger les premiers, ne fût-ce que pour faire vivre les seconds; enfin, qu'une représentation nationale qui ne protégerait pas les individus, ne protégerait personne, puisqu'en dernier résultat, une nation ne peut se composer que d'individus.

Enhardi par ces réflexions, et par le zèle que la chambre a toujours mis à réprimer les agens de l'autorité qui se permettent d'excéder les bornes de leurs pouvoirs, ou à venger les citoyens des atteintes portées à leur sûreté personnelle ou à leurs propriétés, j'ai pris la résolution de vous faire parvenir mes plaintes, et de vous demander une justice que j'ai vainement sollicitée auprès des divers agens de l'autorité.

La nécessité de vous exposer mes griefs, m'obligera de vous faire connaître des faits qui pourront vous paraître futiles ou insignifians; mais plus ils seront étrangers aux intérêts publics, plus ils porteront l'empreinte de l'intrigue et de l'individualité, et mieux ils vous feront sentir combien il est dangereux de confier des pouvoirs extraordinaires à des gens qui ne peuvent s'en servir que pour satisfaire leurs inimitiés personnelles, et qui, dans leurs vues étroites, s'imaginent qu'ils ont sauvé l'état, quand ils ont abreuvé leurs concitoyens de dégoûts ou qu'ils les ont fatigués de persécutions.

En faisant un récit détaillé des vexations inouïes que j'ai éprouvées à diverses reprises,

(4)

je pourrais répandre plus d'intérêt et de variété
sur cette pétition ; mais, pour ne point fatiguer
l'attention de la chambre, je sacrifie bien des
vérités , et je me borne aux explications absolument nécessaires pour motiver mes plaintes
contre MM. Delaitre, préfet, et Perrin Dulac,
sous-préfet, qui, par abus de pouvoir et par
ressentiment personnel, ont servi les passions
d'un maire, d'un percepteur et d'un garde-
champêtre.

Les habitans de diverses communes du département de Seine-et-Oise avaient été obligés,
en 1814, de faire des fournitures aux armées
étrangères qui occupaient ce pays. Une loi ordonna que ces fournitures seraient prises en dé-
duction des impositions extraordinaires. Les
maires furent chargés de faire, *gratis*, les relevés
ou bordereaux de recépissé de ces fournitures,
qui devaient être ensuite estimées suivant les
mercuriales.

Pierrellée, maire de la commune, avec deux
maires de ses voisins, l'un huissier et l'autre
perruquier, crurent qu'ils pouvaient s'adjuger,
par forme d'indemnité, cinq centimes pour
franc sur leurs liquidations. La somme, peu
considérable sans doute relativement au mérite
de MM. les maires, parut un peu forte aux
habitans. Je n'aime pas qu'on me prenne ce
qui m'appartient ; cependant, dans cette circonstance, je me soumis, par amour de la paix,
à ce qu'exigeait M. le maire ; j'engageai même
mon fermier à imiter mon exemple.

J'avais rempli , dans la commune , les fonctions de notaire. M. Pierrellée, maire, avait été mon clerc ; je l'avais même soigné pendant ses maladies ; et lorsque je voulus cesser mes fonctions, je crus que je ne pouvais mieux faire que de le choisir pour mon successeur. J'avoue que ce ne fut pas l'action la plus sage de ma vie : j'en demande bien pardon au public. M. Pierrellée fut donc nommé notaire. Malheureusement, en lui transmettant mes fonctions, je ne pus lui transmettre la confiance de mes cliens , et ce ne fut pas ma faute. On continua donc de me consulter, et je continuai de donner gratuitement des avis à ceux qui m'en demandèrent : voilà la source de la haine de Pierrellée envers son prédécesseur.

Pendant mon notariat , j'avais reçu deux donations en faveur d'une domestique. Quand M. Pierrellée m'eut remplacé, il persuada à cette femme que les donations faites en sa faveur pourraient bien ne pas être valables, et qu'il fallait les refaire. La donataire vint réclamer , bientôt après , les frais des donations que j'avais reçues pour elle, M. Pierrellée ayant exigé d'elle, s'il fallait en croire son rapport, trois fois plus que ne devaient coûter ces deux actes. Persuadé que mon successeur au notariat n'était pas surchargé d'occupations, et que, pour employer son tems , il pourrait bien refaire ainsi tous les actes de son ancien patron, je crus qu'il m'était permis de lui faire quelques représentations à cet égard, et que je pourrais même saisir cette oc-

casion pour lui parler de l'impôt de 5 cent. pour
franc, qu'il percevait sur les habitans de la
commune, impôt dont on venait se plaindre à
moi.

Ce fut le 8 février, mercredi des cendres,
1815, que je me rendis chez mon ancien clerc.
Je le trouvai seul. Je lui parlai d'abord des 5 cent.
pour franc; il convint du fait, mais il s'excusa
en disant qu'il avait suivi l'exemple de deux
maires ses voisins : du maire de Limours et de
celui de Fontenai : l'un huissier, l'autre perruquier, comme je l'ai dit. Relativement aux donations qu'il avait refaites, je lui fis observer
qu'il n'était pas juste que la donataire en payât
deux fois les frais; qu'ainsi il fallait ou que je
rendisse ce que j'avais moi-même reçu, ou que
lui-même il restituât ce qu'on lui avait payé ;
que ne pouvant pas reconnaître la nullité de
mes actes, et ne voulant pas, d'un autre côté,
avoir des discussions judiciaires sur un pareil
objet, je m'en rapporterais volontiers à des
arbitres.

Cette proposition, quoique raisonnable, ou
peut-être parce qu'elle était raisonnable, déplut
à M. Pierrellée : il s'emporta, il devint grossier,
il m'ordonna de sortir. J'insistai; il s'élança sur
moi; et, en voulant me contraindre à lui céder
la place, il renversa une chaise. Soit que le
bruit de la chaise lui eut fait réellement peur,
soit que sa frayeur fut affectée, il se mit à crier :
A la garde ! Je crus qu'il était sage de me retirer. Je craignis même d'avoir commis une im-

prudence en faisant mes réclamations, vu l'hu-
meur irascible de M. Pierrellée.

A ces causes de persécution, s'en joignit
bientôt une autre. En 1814, au moment où les
troupes étrangères se disposaient à quitter la
France, elles se réunirent sur différens points.
Pour les faire subsister, les préfets du département de l'Aisne et du département de Seine et-
Oise, levèrent l'un treize centimes, l'autre vingt
centimes pour franc, en sus des impôts ordi-
naires et extraordinaires.

Les habitans de l'Aisne se plaignirent de cette
imposition illégale au corps législatif, qui en
reconnut l'illégalité, et qui déclara que la per-
ception ne pouvait en être continuée. Me trouvant à Paris au moment de cette décision,
j'emportai dans ma commune un exemplaire
de journal. Je communiquai cet exemplaire à
quelques contribuables, et je l'envoyai ensuite
au percepteur. Aussitôt les recettes de l'impôt
arbitrairement établi cessèrent, et les revenus
du percepteur en furent diminués.

J'avais été lié avec ce percepteur. En lui écri-
vant, je lui avais parlé de la perte de nos institutions patriarchales, départementales et com-
munales que je regrettais beaucoup, et des
préfectures que nous devions au gouvernement
impérial, et pour lesquelles je me sentais peu
d'inclination. J'avais parlé avec peu de respect, je l'avoue, des ex-jacobins qui, après
avoir renversé les institutions créées par
l'assemblée constituante et sanctionnées par

Louis XVI, nous avaient donné l'administration des Turcs, changeant seulement le nom de *pacha* en celui de *préfet*.

Le percepteur, dont j'avais diminué les revenus, et qui connaissait bien le préfet de Versailles, M. le baron de Laitre, s'imagina qu'il ne pouvait mieux se venger de moi qu'en remettant mon imprudente épître à M. le maire Pierrellée. Le hasard voulut que M. le baron, qui pouvait se croire si offensé en sa qualité de préfet, avait conçu contre moi un sentiment que je n'ose pas qualifier, mais dont la cause était fort ancienne. Avant que d'être notaire, il avait été mon client ; j'avais été agréé au tribunal de commerce, et, en cette qualité, j'avais eu des affaires d'intérêt à démêler avec lui. Je ne sais si, dans ces affaires, j'avais eu le malheur de blesser ses intérêts ou sa vanité ; mais j'ai éprouvé que, dans ses mains, l'autorité préfectoriale pouvait n'être pas exclusivement employée au service du roi.

Ici l'on aperçoit déjà que je vais avoir à lutter contre trois ennemis redoutables : M. le baron, préfet du département de Seine-et-Oise ; M. Pierrellée, maire de Briis, et M. le percepteur des contributions la Roque. Le premier, outre ses anciens souvenirs, doit venger l'honneur des préfectures, dont j'ai médit dans une lettre confidentielle ; le second doit me punir de mes réflexions sur les 5 cent. pour franc qu'il percevait, ou sur les réclamations que j'avais faites contre lui en sa qualité de notaire ; enfin, le troisième doit venger ses revenus diminués par la communication d'un exemplaire du journal.

Je suis cité devant le tribunal de police correctionnelle de Rambouillet, et là les accusations contre moi se cumulent. On m'accuse 1°. de m'être rendu chez le maire, de lui avoir manqué de respect d'abord par paroles, et ensuite par gestes ; 2°. d'avoir attaqué les bases du gouvernement, en parlant sans respect, dans une lettre confidentielle, de l'institution des préfectures et de quelques préfets ; 3°. enfin, d'avoir tenu, au coin de mon feu, des propos séditieux.

Les prétendues injures ou menaces envers l'autorité municipale ne pouvaient pas être justifiées, d'abord parce qu'elles n'avaient jamais existé, et, en second lieu, parce qu'au moment où j'étais allé trouver Pierrellée en sa qualité de notaire, il était seul, et que personne n'avait été présent à notre conversation.

L'attaque dirigée contre le gouvernement, en manifestant mes opinions sur les préfectures et sur certains préfets, et en témoignant des regrets pour la perte des institutions établies par l'assemblée constituante, était justifiée par la lettre confidentielle écrite au percepteur La Roque, lettre que celui-ci avait livrée à M. Pierrellée, qui en avait fait hommage à M. le préfet de Laitre, et qui était produite *en original.*

On voulait établir les propos prétendus séditieux que j'avais tenus dans mon domicile, au coin de mon feu, par le procès-verbal d'un garde-champêtre : ce garde disait qu'il s'était introduit chez moi, qu'il avait entendu les propos qu'il m'imputait, et qu'il les avait constatés par amour pour son roi légitime.

M. Pierrellée avait principalement compté, pour faire condamner son ancien patron, sur les deux derniers chefs d'accusation. En conséquence, il avait négligé les preuves du premier. Mais, ayant appris, au moment de l'audience, que les moyens sur lesquels il comptait le plus étaient précisément les plus faibles, il envoya chercher, à six lieues de distance, la veille de l'audience, ses clercs qu'il avait en pension, l'un âgé de quinze ans, l'autre de dix-sept. Ces deux clercs furent assignés le matin même de l'audience, comme ayant été trouvés à Rambouillet.

M. le préfet de Laitre parut aussi sur la scène, comme partie plaignante, dans toute la pompe, dans toute la majesté préfectoriale : il venait, non point solliciter les juges de commettre une iniquité, une telle pensée ne pouvait entrer dans son esprit ; mais il savait que j'avais manifesté des opinions contre des préfectures, et il était tout naturel qu'il s'en constituât le vengeur dans l'intérêt de l'état ; je ne veux pas dire dans l'intérêt de sa place, on sait qu'un préfet ne peut tenir à sa place que par amour pour son roi.

Les débats s'ouvrirent donc sur les imputations qui m'étaient faites. Le notaire produisit ses deux clercs pour témoins. Je ne sais comment la chose se fit ; mais, oubliant qu'ils n'étaient pas présens à la discussion que j'avais eue avec leur patron , oubliant que , dans ce moment , ils étaient occupés à enterrer le carnaval avec leurs camarades , ils rapportèrent de prétendus oublis de respect par gestes et propos envers M. le maire.

La lettre sur les préfectures , qui peut-être paraissait à M. le préfet de Laitre le crime le plus grave , ne produisit pas l'effet qu'on s'en était promis. Cette lettre n'ayant pas été écrite pour être publiée, et n'annonçant aucune intention dans celui qui en était l'auteur , il était difficile de la rattacher à un des articles du code pénal. On dut regreter sans doute que le cas n'eût pas été prévu ; mais enfin il ne l'était point, et quelque grave qu'il pût paraître , les juges ne pouvaient pas le criminaliser.

Les prétendus propos séditieux que j'avais tenus, disait-on, au coin de mon feu , auraient pu avoir des conséquences graves, si la bonne foi du garde-champêtre , qui disait les avoir constatés par son procès-verbal , n'avait point paru suspecte. Mais on s'apperçut que ce procès-verbal venait après la discussion qui s'était élevée entre moi et mon ancien clerc. Cette circonstance inspira des soupçons ; on questionna le garde-champêtre ; il hésita ; on le pressa ; il s'embarrassa , et finit par avouer qu'il avait dressé ce procès-verbal pour obliger M. le maire , qui le lui avait demandé le lendemain de la discussion qu'il avait eue avec moi. Il avoua également qu'il avait été sollicité par Gaucher , huissier, qui lui avait dit qu'il ne pouvait désobliger Pierrellée, son maire, dont il dépendait, et qu'après coup il l'avait remis à Gaucher, qui l'avait fait légaliser par le juge de paix.

Après avoir discuté tous les points de la cause, et avoir démontré que la plupart des accusations dirigées contre moi étaient ou dénuées de fondement, ou contraires à la morale, le ministère public se borna à conclure à une amende de 16 francs, dans le cas où le tribunal croirait devoir admettre la déposition des clercs de Pierrellée.

Sur ces conclusions, le 1er. mars 1815, le tribunal de police correctionnelle rendit le jugement que voici :

« Attendu que la lettre écrite par Noyer au percepteur n'a point été rendue publique par le fait de Noyer, le renvoie de l'accusation sur ce chef ;

» Attendu que le procès-verbal du garde-champêtre n'est par accompagné de preuves, renvoie Noyer de ce chef d'accusation ;

» Mais attendu qu'il résulte des dépositions des clercs de Pierrellée, assignés ce matin, trouvés à Rambouillet, que Noyer s'était entretenu d'objets de mairie, chez Pierrellée, le 8 février dernier, et qu'il avait manqué par gestes à l'autorité municipale, ce qui constitue le délit prévu par l'article 223 du code pénal, condamne Noyer en trois jours d'emprisonnement. »

Il faut remarquer, en passant, que le tribunal ne disait pas que j'avais manqué par gestes à

Pierrellée dans l'exercice ou à l'occasion de l'exercice de ses fonctions, ce qui eût été nécessaire pour constituer le délit prévu par l'article 223 du code pénal ; il disait que j'avais parlé d'objets de mairie. Mais de ce que j'avais parlé d'objets de mairie, il ne s'ensuivait nullement que j'eusse fait des gestes offensans à l'occasion de ces objets ; et, dans le fait, il n'y avait eu de discussion, entre Pierrellée et moi, qu'à l'occasion de ses fonctions de notaire, fonctions qui ne lui donnaient aucune prérogative sur son ancien patron, sur son prédécesseur (1).

Je fus condamné, au grand étonnement du public. L'appel devait être porté devant le tribunal de police correctionnelle de Versailles, et j'allais me trouver sous l'influence immédiate de M. le baron de Laitre, préfet du département. Ce n'est pas que j'eusse des soupçons sur l'impartialité ou sur la fermeté des juges d'appel ; mais la confiance que j'avais dans leur justice, était balancée par les craintes que m'inspiraient un premier jugement, et par

____

(1) Si le tribunal correctionnel de Rambouillet, présidé par M. de Lahaye, eût accueilli les récusations réclamées par Noyer, les clercs qu'on avait envoyé chercher pendant la nuit, pour déposer dans une affaire qu'ils ne connaissaient que par ce que Pierrellée leur en avait dit sur l'heure, l'échafaudage de l'accusation du maire s'écroulait, l'intrigue était mise à jour, la haine confondue et devenue impuissante ; Pierrellée, accablé sous le poids d'une procédure qui était son ouvrage, condamné à en supporter les frais, et renvoyé dans sa commune comme un vil calomniateur.

le poids que je supposais aux opinions de M. le préfet.

J'étais dans cette perplexité, lorsque tout-à-coup on annonça le débarquement et l'invasion de Bonaparte. Cet évènement avait tant d'importance pour l'intérêt public, que les intérêts individuels furent perdus de vue, et que l'on cessa de s'en occuper. Je n'avais que dix jours pour interjeter cet appel, mais mes amis étaient divisés d'avis sur cet appel ; il pouvait se faire que les hommes en place changeassent. On me fit espérer que je pourrais, par la suite profiter des deux mois que la loi accordait au procureur du Roi près la cour d'appel pour délibérer sur le jugement.

Cependant Bonaparte se replaça sur le trône. En usurpant le droit de faire nommer par ses préfets les maires des communes, il avait indisposé les Français. Il s'imagina qu'en restituant aux habitans des campagnes le droit qu'il leur avait ravi, il pourrait les rattacher à sa cause : il rendit en conséquence un décret, le 3o avril 1815, par lequel il semblait vouloir se dessaisir de ce privilége.

La commune de Briis et quelques communes environnantes, auxquelles M. le préfet avait donné pour maires des huissiers ou des perruquiers, profitèrent de ce décret pour se débarrasser de ces administrateurs, et pour en choisir qui fussent mieux à leur convenance. Me trouvant un des principaux propriétaires de la commune de Briis, les habitans, voulant me donner un témoignage de leur estime, me nommèrent maire à la place de mon clerc, qui venait de me faire condamner pour prétendu délit irrévérentiel, renouvelèrent, dans une assemblée générale, la demande de sa destitution, déjà formée dans une assemblée précédente, présidée par leur curé et les quatre anciens maires, et dont expédition notariée, du 10 mars 1815, avait été envoyée au ministre de l'intérieur.

On n'accorda point aux départemens l'avantage qu'on avait accordé aux communes, celui de renvoyer les administrateurs qui ne leur convenaient pas. M. le baron de Laitre resta donc préfet du département de Seine-et-Oise, et je me trouvai ainsi avoir pour supérieur, en ma nouvelle qualité de maire, un homme qui, j'avais quelques raisons de le croire, m'avait fait poursuivre comme n'étant pas assez royaliste. Le procès que j'avais eu devant le tribunal de Rambouillet, semblait me promettre que je ne serais pas accusé devant le gouvernement impérial d'être attaché à la famille des Bourbons ; il en fut autrement. L'acte additionnel aux constitutions de l'Empire parut. L'occasion était heureuse pour donner aux habitans de ma commune un bel exemple de dévouement à la *dynastie impériale* ; je ne le donnai point : je refusai de signer l'acte additionnel. Je fus en conséquence dénoncé au ministre de l'intérieur, comme un partisan de la famille royale fugitive.

Bonaparte fut une seconde fois renversé. Pierrellée reprit sa place de maire ; M. le préfet de Laitre resta dans la sienne. Il fut alors question de me faire subir l'emprisonnement de trois jours , auquel les juges correctionnels m'avaient condamné. Cette exécution, je l'avoue, m'inspirait de la répugnance, non qu'une captivité de trois jours me parût insuportable, j'en avais, comme *aristocrate*, essuyé une plus longue sous le règne de la terreur : mais il me paraissait humilliant d'être enfermé dans une maison destinée à des malfaiteurs , et d'y être enfermé pour n'avoir pas été assez respectueux envers mon ci-devant clerc. Je tâchai d'éviter cette peine : les autorités judiciaires paraissaient même assez disposées à faire réformer un jugement que l'opinion avait déjà condamné, si M. le préfet de Laitre n'y mettait point obstacle. Mais celui-ci voulut m'imposer des conditions telles, qu'il me fut impossible d'y souscrire. Il écrivit à M. de Sainte-Lussy , sous-préfet par *intérim* à Rambouillet , une lettre par laquelle il consentait à une commutation de peine. Cette lettre était ainsi conçue :

« Je veux bien me départir de ce qui m'est personnel, dans la lettre de Noyer au percepteur ; mais je ne consentirai à réformation de l'emprisonnement, qu'autant que Noyer aura fait des excuses à Perrellée, et qu'il en aura justifié. »

Faire des excuses à un homme que j'avais eu en quelque sorte à mes gages , à qui j'avais rendu des services, et par qui j'avais été offensé, était une idée flatteuse sans doute pour M. le préfet de Laitre. M. le baron devait trouver fort plaisant surtout , qu'après avoir fait des excuses , je m'en fisse délivrer un reçu , et que je vinsse ensuite le déposer aux pieds de sa seigneurie. Mais plus cette idée devait flatter son imagination, plus elle révoltait la mienne. Après avoir erré quelque tems çà et là , j'allai me constituer prisonnier à Dourdan. J'évitai ainsi la prison de Rambouillet pour ne pas donner à M. Pierrellée le plaisir de m'avoir prisonnier sous ses yeux. Les trois jours d'emprisonnement expirés , j'envoyai à M. le procureur du Roi un certificat constatant que j'avais exécuté le jugement.

Cependant la loi du 8 octobre sur les suspects fut promulguée , et , à cette apparition , toutes actions qu'on m'avait reprochées se retracèrent à mon imagination. Je me rappelai que j'avais empêché un percepteur d'exiger des contribuables ce qui ne lui était pas dû ; que j'avais médit , dans une lettre confidentielle , de l'institution des préfectures, et que je n'avais pas assez ménagé certains préfets ; que j'avais dit à quelques habitans de la commune qu'ils ne devaient pas à M. le maire Pierrellée les 5 cent. pour franc qu'il exigeait d'eux, et que la loi lui défendait d'exiger ; enfin , que j'avais formé auprès de lui, en sa qualité de notaire, une réclamation qu'il avait trouvée déplaisante; la condamnation qu'il avait obtenue contre moi avait soulevé l'indignation publique ; j'étais la cause innocente que sa destitution avait été demandée , et j'avais été mis à sa place : que de crimes pour un seul homme !

La terrible loi fut à peine arrivée dans le département , qu'il n'y eut pas un petit fonctionnaire qui ne se crût appelé à sauver l'Etat. M. Perrin-Dulac, brûlant de signaler son zèle , arriva à Rambouillet son brevet de sous-préfet dans une main et la loi des supects dans l'autre ; je lui fus désigné dès son arrivée par les autorités inférieures et supérieures, et sur-le-champ il prit des mesures qui devaient assurer le salut de la monarchie. Nous étions au 12 novembre 1815 ; des officiers hanovriens qu'on avait logés chez moi , avaient voulu faire une partie de chasse dans mon bois , et je les y avais accompagnés. Tout-à-coup nous voyons accourir à nous mon jardinier : il nous annonce que la maison est investie par des gendarmes , qu'ils font des perquisitions pour me trouver , et qu'ils ont l'ordre de me conduire, lié et garrotté, à Rambouillet. Les Hanovriens, contrariés qu'on vînt les déranger dans leurs plaisirs , m'offrent d'aller mettre les gendarmes à la raison , et de me conduire en toute sûreté dans ma maison ; mais je calme leur zèle , et je les remercie de leurs offres. Je ne voulais pas faire dire aux habitans de ma commune que j'étais rentré chez moi par le secours des soldats étrangers.

Je pris le parti d'écrire à M. le sous-préfet Perrin-Dulac, et à M. le préfet de Laitre, pour leur demander ce qui avait pu motiver l'incursion de la gendarmerie : voici la réponse de M. le sous-préfet ; elle est datée du 7 décembre.

« M. le préfet, Monsieur, a donné des ordres pour que vous soyez placé sous ma surveillance directe, à Rambouillet, et la visite de la gendarmerie à votre terre de Bligny, n'avait d'autre but que de vous faire connaître ces ordres, d'en assurer l'exécution et de se saisir d'un assez grand nombre d'armes que vous avez déclaré avoir remises aux étrangers, tandis que c'est absolument faux.

» Il est des hommes, Monsieur, ennemis de tous les gouvernemens, ne respirant que désordre, ne se plaisant qu'au milieu des convulsions, dont il est indispensable de s'assurer dans les crises de l'Etat. Vous êtes de ce nombre. Je ne vous dissimule pas que si, dans dix jours, vous n'avez pas exécuté l'ordre de M. le préfet, et que vous ne soyez pas venu vous placer sous ma surveillance directe, votre signalement est adressé à la police de Paris, et vous éviterez difficilement que le ministre, qui est instruit de vos intentions pernicieuses, et de vos mauvais propos journaliers, ne prenne à votre égard les mesures que la sûreté publique exige.

» J'ajoute à cette condition que vous me ferez la déclaration sincère des armes qui sont en votre pouvoir, et que vous me ferez connaître les noms des individus auxquels vous les avez remises, afin que je puisse m'en saisir et les conserver en dépôt, jusqu'à ce que des tems plus heureux permettent de vous les confier de nouveau. »

Si j'avais eu quelques grains de vanité, la lettre de M. le sous-préfet les eût merveilleusement développés. Comment, en effet, ne pas se croire un homme d'importance, lorsqu'on voit des sous-préfets, des préfets et jusqu'à des ministres redouter l'influence qu'on peut exercer dans un grand royaume, et s'emparer de votre personne pour assurer le salut de l'Etat ? Moi, simple habitant de la commune de Briis, n'ayant jamais paru dans une armée, jamais brillé dans une tribune, jamais donné à mes concitoyens la preuve la plus mince de mes talens militaires ou administratifs, n'ayant, en un mot, jamais rien fait qui pût me faire connaître du public, je faisais trembler un gouvernement soutenu par toutes les puissances européennes ! En voyant la terreur que j'inspirais, ne devais-je pas m'écrier : *Je suis donc un foudre de guerre !*

Mais si, d'une part, les précautions de M. le sous-préfet pouvaient enfler ma vanité, le style de sa lettre suffisait bien pour me les faire apprécier à leur juste valeur. Quand il me disait : *Il est des hommes ennemis de tous les gouvernemens, ne respirant que désordre, ne se plaisant qu'au milieu des convulsions, dont il est indispen-*

sable de s'assurer , et qu'il m'annonçait avec emphase que j'étais de ce nombre , M. le sous-préfet répétait les déclamations usitées en pareilles circonstances; mais l'application qu'il en faisait n'était pas heureuse. Les hommes qui ne respirent que désordre et qui ne se plaisent que dans les convulsions, ne sont pas ceux qui restent dans leurs foyers et qui ne s'occupent que de la culture de leurs champs ; ce sont ceux qui dans le pillage public, trouvent toujours le moyen de gagner des équipages, des cordons, des baronies, des préfectures : or, M. de Laitre savait bien que, sous le gouvernement impérial, je n'avais rien gagné de tout cela. Il est beau , sans doute , de déclamer contre les hommes qu'on appelle les ennemis de tous les gouvernemens ; ce serait cependant une question curieuse à traiter que celle de savoir si ce sont les ennemis ou les amis de tous les gouvernemens qui ont été le fléau de la France , et dont il eût été convenable de se débarrasser. Je livre cette question à des gens plus habiles que moi.

Je n'étais pas sûr qu'en me rendant aux ordres de M. le sous-préfet Perrin-Dulac , je ne serais pas emprisonné pour la sûreté de la monarchie ; je pensai donc qu'il était sage de me soustraire à ses poursuites, et qu'il valait encore mieux être obligé de me cacher, que d'aller me placer sous ses regards, pour pour être surveillé comme un malfaiteur. Avant que de prendre cette résolution, je m'adressai cepen-

dant à M. le procureur général près la cour
royale de Paris ; j'espérais qu'en sa qualité de
magistrat, il pourrait faire cesser les vexations
dont j'étais l'objet, ou m'apprendre au moins
quelle en était la cause. M. le procureur général me répondit que l'ordre judiciaire ne pouvait arrêter ni entraver la marche de l'administration. Je n'entends pas contester la justesse de
cette réponse ; mais je me permettrai d'observer que, lorsqu'on veut avoir une administration
qui ne puisse être ni arrêtée ni entravée, il faudrait auparavant la constituer de manière que,
dans sa marche, elle n'écrasât point les gens.

Ne pouvant me résoudre à me jeter, comme
matière administrative, dans les mains MM. Perrin-Dulac et De Laitre, j'eus recours au ministre
de la police. J'appris, dans ses bureaux, que
j'étais violemment attaqué ; que son Excellence
était obligée de voir par les yeux des préfets,
lesquels voyaient par les yeux des sous-préfets,
qui ne voyaient que par les yeux des maires ;
que je solliciterais vainement une audience, et
que je n'avais rien de mieux à faire que d'obéir
aux ordres de M. le sous-préfet. Ayant à lutter
contre une administration qui se disait aveugle
dans tous les degrés de sa hiérarchie, toutes les
fois qu'un maire avait le malheur de ne pas voir
clair, je cessai mes sollicitations auprès d'elle.

Cependant mon domicile était nuit et jour
environné d'espions ; ma maison était au pillage,
les grilles de mon parc brisées, mes propriétés

dévastées. Ruiné par des dépenses militaires, par les percepteurs, par les persécutions que j'avais déjà essuyées et par celles que j'éprouvais encore, et me voyant à chaque instant sur le point d'être arrêté à Paris, je pris la résolution d'aller me placer sous la surveillance de M. Perrin-Dulac, m'imaginant que de Rambouillet je pourrais au moins surveiller mes affaires. Arrivé chez M. le sous-préfet, j'eus à peine prononcé mon nom, que, sans me donner le tems de lui dire un seul mot, il m'accabla de reproches et d'apostrophes : j'avais différé de me rendre à ses ordres : j'étais l'ennemi déclaré des préfets; je ne cessais de médire d'eux; il ne devait donner aucune satisfaction à un homme qui soulevait les communes, qui était un fléau public ; je lui étais recommandé par les barons de Laitre et de Lesparda, etc. etc.

Tout en m'accablant du poids de ses reproches et de son éloquence, M. le sous-préfet se disposait à faire appeler des gendarmes pour me faire arrêter. Je m'en apperçus, et je le privai de cette satisfaction en m'esquivant. J'avais fait préparer une voiture pour m'enfuir, si M. le sous-préfet refusait de m'entendre : je m'en servis en effet, et les gendarmes de M. Perrin Dulac, qui firent des recherches dans toutes les auberges de Rambouillet, manquèrent leur proie encore une fois. Je m'étais réfugié à Versailles. On l'avait su. J'y fus donc poursuivi ; mais les espions arrivèrent trop tard ; déjà j'étais parti pour Paris , déguisé en roulier.

A Paris , mes perplexités recommencèrent. Pour y mettre un terme , mes amis me persuadèrent que mon repos était attaché à la volonté du sous - préfet. Avant de faire un acte de soumission qui pourrait me devenir funeste, je voulus apprendre quel en serait le résultat. J'écrivis à M. Perrin Dulac la lettre la plus respectueuse et la plus soumise qu'il me fut possible. Ma femme fut chargée de savoir quel en serait l'effet ; mais elle ne reçut qu'une vague promesse que je ne serais pas arrêté en me rendant à Rambouillet, pourvu toutefois qu'elle lui fît connaître sur-le-champ ma demeure à Paris. La promesse , par elle-même , n'inspirait pas une très-grande confiance ; la condition qu'il y mettait détruisait toute envie d'en faire l'épreuve.

J'appris que M. de Laitre avait cessé d'être préfet ; j'espérais que son successeur , M. Destouches, préfet, voudrait m'entendre sans passions ; mais je lui avais été recommandé par M. de Laitre , qui lui avait communiqué les réflexions que je m'étais permises dans une lettre confidentielle contre les préfets. Ce fut en vain que je lui adressai mémoire sur mémoire ; je n'obtins de lui que cette sèche réponse du 30 avril 1816 : *Monsieur, je ne m'occuperai de vous que lorsque vous serez en surveillance.* Etrange réponse, puisque des explications pouvaient justifier que je n'aurais pas dû y être placé ; et ma femme apprit depuis, dans les bureaux du ministre de la police, qui, fatigués de cette pitoyable querelle des préfets, avaient demandé à M. Destouches s'il lui était parvenu des renseignemens nouveaux depuis ma mise en surveillance ; que celui-ci, qui ne m'avait jamais vu ni entendu, avait trouvé plus facile de conclure à une surveillance pour toujours (1).

Semblable à un malade qui se tourne et se retourne pour trouver une meilleure position, je résolus, malgré le conseil que m'avaient précédemment donnés les secrétaires et chefs de bureaux de ne point le faire, de me présenter à l'audience du ministre de la police, ce que je fis le 14 juillet 1816. Je fournis des mémoires très-détaillés sur mes première et seconde tourmentes ; et je le répétai bien des fois à Son Excellence, *que je ne demandais pas de grace*, mais mon renvoi devant les tribunaux pour y être jugé.

Le ministre, ainsi que me l'avait dit M. Perrin Dulac, sous-préfet, me répondit qu'il avait reçu contre moi, de M. le baron de Laitre et de M. le baron de Lesparda, des lettres dénonciatrices de mauvaise conduite, pendant les

---

(1) Sancho-Pença, dans son gouvernement, était plus prudent, il ne condamnait pas sans entendre.....

cent jours de l'échappée de Buonaparte de l'île d'Elbe.

Je promis, et de fait, le lendemain 16, je portai au ministre des notes explicatives contre M. de Laitre et le baron de Lesparda, sur des débats personnels que j'avais eus. Comme tout s'enregistre au ministère, ma réponse doit s'y trouver. Il paraît que mes discussions avec ces deux personnages dénonciateurs secrets, frappèrent le ministre, car j'appris que ma surveillance était levée; mais comme en administration les rectifications ont les mêmes marches que les préventions, je devais, me fut-il ajouté, retourner à Rambouillet auprès du sous-préfet, qui, dans le cas où il ne serait pas revenu d'autres charges, devait me procurer ma liberté.

Il faut le dire, je fus indigné, quand j'appris que j'étais condamné à reparaître devant un homme qui, depuis huit mois, était l'artisan de ma ruine; et, dans mon désespoir, je montai chez le ministre pour lui exprimer ma répugnance insurmontable. Mon attitude ferme et ma demande d'être jugé déplurent au ministre, qui me répondit vivement : Puisque vous ne voulez pas obéir, je prononce la continuation de votre surveillance.

M. le sous-préfet et sa suite apprirent ma disgrace ministérielle....

Bientôt les recherches de ma personne devinrent plus soigneuses et plus multipliées. M. le maire Pierrellée fut chargé de faire chez

moi de nouvelles perquisitions. La gendarmerie, accompagnée de l'adjoint du maire, Denis
Binet, fait briser, par un serrurier, les grilles
de mon parc, fait enfoncer les portes de
ma maison, y pénètre, et ne pouvant saisir
le propriétaire, s'empare de quelques armes de
chasse, bien plus nécessaires à ma sûreté qu'à
mes plaisirs, et que, dans les précédentes vi-
sites, les gendarmes avaient dédaigné de s'emparer.

La gendarmerie avait brisé mes portes une
seconde fois sans pouvoir me trouver. Mais le
14 octobre 1816, elle fut plus heureuse : je fus
saisi dans mon domicile en vertu d'une décision
de M. le sous-préfet, dont il me fut donné lec-
ture, et qui portait *qu'il était urgent d'arrêter
un homme qui, bien qu'il se cachât, pervertissait
l'esprit public.* Les gendarmes me firent monter
sur une charette comme un criminel, m'ame-
nèrent à Rambouillet où je fus mis en prison et
écroué comme suspect.

Trois jours après mon arrestation, M. le sous-
préfet me fit remettre dix-huit propositions, si-
gnées de lui, avec ordre d'y répondre par écrit,
dans la journée, *sous peine d'être interrogé.* Je
dis des propositions, et non des questions; car
M. le sous-préfet supposait vraies la plupart
des choses sur lesquelles il me disait de lui répondre. La plupart de ces questions sont fort
curieuses; elles font si bien connaître l'esprit
qui animait les autorités dont je me plains, que

je les rapporterai comme pièces justificatives.

Je répondis à ces questions. Dès que M. le sous-préfet eut reçu mes réponses, son secrétaire vint me dire que si je voulais souscrire un billet de six cents francs, comme gage de ma bonne conduite, on me laisserait sortir de prison, à la charge toutefois de rester à Rambouillet sous la surveillance de M. le sous-préfet. Je souscrivis le billet, qui ne m'a jamais été rendu, non plus que les armes de chasse qu'on m'a enlevées.

Je devins libre de sortir de prison; mais ce fut pour me retirer dans une auberge de Rambouillet, que M. le préfet me désigna, et où je dûs être surveillé.

Un de mes parens qui était venu me voir à Bligny, y était tombé malade; le desir d'aller le voir me fit demander à M. le sous-préfet, par l'intermédiaire du maire de Rambouillet, la permission d'aller passer quelques jours chez moi. Il me fut annoncé que cette permission m'était accordée, mais qu'elle n'était que verbale.

A peine arrivé chez moi, je reçus de M. le sous-préfet l'arrêté qui suit :

« Le sous-préfet de Rambouillet, sur la demande qui lui a été faite par le sieur Noyer, actuellement en surveillance à Rambouillet, d'aller vaquer, pendant huit jours, à des occupations et travaux qu'il regarde comme indispensables, l'autorise à se rendre dans sa propriété située dans la commune de Briis.

» *A son arrivée, il se présentera au maire, à qui il justifiera de la présente autorisation. Si, la huitaine expirée, le maire pense que la présence du sieur Noyer est encore nécessaire chez lui, et s'il n'a aucun reproche à lui faire pendant son séjour*, il lui sera accordé une prolongation *limitée, d'après l'avis du maire;* dans le cas contraire, le délai de huit jours expiré, le sieur Noyer se rendra à Rambouillet; s'il ne s'y rendait pas au jour déterminé, il y sera conduit par la gendarmerie, dont le déplacement serait à ses frais.

» Fait à Rambouillet, le 9 novembre 1816. »

Je tenais beaucoup à être pendant quelques jours tranquille dans ma maison : je désirais voir mon parent qui était malade ; j'avais besoin de mettre ordre à mes affaires, fort dérangées par suite des vexations dont j'avais été l'objet : enfin, l'état de mes biens exigeait ma présence. Mais si, avant que de me rendre chez moi, M. Perrin Dulac m'avait fait connaître les conditions sous lesquelles il me permettait de m'y rendre, j'aurais renoncé à ses faveurs sans la moindre hésitation ; parce que je n'aurais pu y voir que le dessein bien prononcé de m'humilier. Et comment, en effet, pouvait-il me soumettre à me présenter devant un homme qu'il savait être mon ennemi, qui m'avait poursuivi correctionnellement pour lui avoir manqué de respect, qui avait fait usage contre moi d'un procès-verbal dont la fausseté avait été reconnue par celui-là même qui l'avait dressé, qui, en arrachant des ténèbres une lettre confidentielle que j'avais écrite à un percepteur, avait attiré contre moi l'influence du préfet? Comment exiger que j'allasse solliciter auprès d'un tel homme un certificat *de bonne vie et mœurs*, pour avoir le droit de rester dans mon domicile? M. le sous-préfet savait que dans l'alternative d'être mis en prison ou de faire des excuses à Pierrellée, j'avais déjà choisi l'emprisonnement, et il n'était pas fâché de me faire subir une seconde épreuve. Aussitôt que j'eus reçu son arrêté, je lui écrivis pour lui faire sentir qu'il m'était impossible de faire auprès de M. Pierrellée les démarches qu'il exigeait de moi; je lui rappelai la haine que cet homme m'avait vouée, et je le priai de m'indiquer tel autre maire des environs qu'il jugerait à propos, pour en obtenir les certificats ou les attestations qu'il demandait. Voici quelle fut la réponse de M. le sous-préfet, datée du 11 novembre 1816:

« Je ne connais d'autre magistrat, monsieur, que ceux institués par la loi : c'est donc devant eux que vous devez vous présenter; et si vous ne le faites pas avec la décence qui convient, aux termes de mon arrêté, vous voudrez bien revenir vous rétablir en surveillance; autrement je serais obligé de vous envoyer chercher; et pour cette fois, j'exécuterai les ordres de son Excellence avec toute la sévérité que mériterait votre désobéissance. »

Je n'avais pas demandé à M. le sous-préfet de me désigner des magistrats non institués par la loi : je l'avais prié de m'indiquer un magistrat autre que M. Pierrellée ; et il aurait pu ne pas m'accorder ce que je lui demandais, sans donner à ma lettre un sens qu'elle n'avait pas. Je me hâtai donc d'abandonner ma famille et mes affaires, pour aller me replacer sous la surveillance de M. Perrin-Dulac. La menace d'user envers moi des rigueurs prescrites par son Excellence, ne me permettait pas de délibérer ; elle me le permettait d'autant moins, que j'ignorais et que je ne sais pas encore en quoi consistaient ces rigueurs. Dans la nuit du jour de la réception de sa lettre, je partis à la clarté de la lune, éprouvant sept à huit heures de pluie continuelle, et me trouvai au lever de M. le sous-préfet pour faire acte de comparution ; avec un ton ironique, il me déclara que ma désobéissance envers Pierrellée l'avait indisposé plus que jamais contre moi.

Enfin, la loi du 21 octobre 1815 a été abrogée par celle du 12 février 1817. Il m'a été permis de rentrer chez moi ; j'ai usé de la permission, et au grand étonnement de M. le préfet et de M. le sous-préfet, l'état n'en a point été ébranlé. Mais en mettant un terme aux persécutions et aux vengeances de ces agens subalternes, la loi du 12 février 1817 n'a pas réparé le mal qu'ils m'avaient fait ; elle n'a pas mis ordre à mes affaires, que j'ai été obligé d'abandonner pour me soustraire aux perquisitions des gendarmes, ou pour obéir aux caprices de l'autorité ; elle n'a pas rétabli ma fortune, épuisée par les pertes ou par les dépenses que ces caprices m'ont occasionnées. Les chambres, en mettant de grands pouvoirs dans les mains des agens de l'autorité, se sont acquittées sans doute de ce qu'elles devaient ; mais si elles devaient au pouvoir des moyens extraordinaires, ne doivent-elles rien aux hommes paisibles, contre lesquels ces moyens ont été employés, pour satisfaire des haines ou des vengeances particulières ?

En donnant au ministère et à ses innombrables agens, l'autorisation d'arrêter ou d'exiler, sans forme de procès, tout homme qu'ils croiraient dangereux au salut du gouvernement, les chambres ne peuvent pas avoir voulu leur donner le moyen de satisfaire des ressentimens personnels ; elles ne peuvent pas avoir voulu livrer aux caprices des agens du pouvoir vingt-huit millions d'habitans ; elles ont abrégé ou anéanti les formes tutélaires, pour ne pas ralentir l'action du gouvernement ; mais elles n'ont pas dispensé ses agens de toute justice et de toute équité. Il doit donc être permis de leur demander compte, non de la violation des formes judiciaires dont une loi les avait dispensés, mais de la justice dans les procédés, dont rien ne pouvait les affranchir.

Si l'affranchissement des formes judiciaires emportait l'affranchissement de toute règle de

raison et de justice ; s'il mettait tous les fonc-
tionnaires à l'abri de toute responsabilité, il
n'y aurait pas d'excès auquel ils ne pussent se
livrer ; après avoir commencé par des exils ou
par des emprisonnemens, on en viendrait bientôt au meurtre, au pillage. Celui qui exile ou
emprisonne un individu pour satisfaire sa haine
ou sa vengeance, n'aura pas beaucoup de scru-
pule, quand il s'agira de le livrer à la torture ou
de le faire périr. Les passions haineuses ne sont
pas de celles qui s'appaisent quand on les satis-
fait ; elles s'enflamment, au contraire, quand on
leur cède, et une première iniquité en appelle
toujours une seconde.

Je n'accuse pas MM. De Laitre, Perrin-Dulac,
Pierrellée, d'avoir enfreint à mon égard des
formes dont ils étaient dispensés ; je ne me
plaindrais pas même de leurs procédés, si je
pouvais être persuadé qu'ils ont été mal infor-
més, et que les mesures qn'ils ont prises contre
moi n'ont été qu'une suite de leurs erreurs ou
de leur défaut de lumières ; mais les poursuites
qu'ils avaient déjà exercées contre moi, et les
faits qui les avaient motivées, ne me permettent
pas de me tromper sur les causes des nouvelles persécutions. D'ailleurs, les questions
que M. le sous préfet m'adressa par écrit, sont
plus que suffisantes pour me faire croire que
j'ai été la victime d'anciens ressentimens.

En faisant connaître à la chambre les persécutions que j'ai éprouvées, je ne lui demande pas de prononcer elle-même sur les faits qui sont l'objet de mes plaintes; je sais qu'elle n'est pas investie du pouvoir judiciaire, et qu'elle ne peut avoir aucune action directe contre personne, excepté contre les ministres. Je la supplie seulement de vouloir bien interposer son autorité, pour que son Exc. le ministre de la police me fasse donner communication des dénonciations ou des actes qui ont servi de motif ou de prétexte aux ordres dont j'ai été, pendant quinze mois, la victime. C'est au moyen de ces dénonciations ou de ces actes, que je parviendrai à prouver que les persécutions que j'ai essuyées n'ont eu pour véritable cause que des haines ou des ressentimens personnels.

On dira peut-être qu'en me donnant les moyens de poursuivre directement devant les tribunaux les auteurs originaires de ces persécutions, et de réclamer civilement les dommages qu'ils m'ont causés, on alimenterait des haines qu'on doit chercher à éteindre. Mais ce qui alimente et la discorde et la haine, ce n'est pas la justice, quand elle est régulièrement demandée; c'est le désespoir de l'obtenir, et l'impunité des malfaiteurs. Les actes les plus violens et les plus arbitraires ont été exercés au nom de l'autorité suprême, qui en était sans doute fort innocente : si, lorsque l'orage est passé, le ministère couvrait de son égide ceux qui ont

abusé de leurs pouvoirs pour satisfaire leur vengeance, ne les autoriserait-il pas à dire que c'est
par ses ordres qu'ils ont agi? Les ministres, je
n'en doute pas, veulent faire aimer le gouvernement ; mais ils se tromperaient étrangement,
s'ils croyaient arriver à ce résultat, en proté-
geant les hommes qui n'ont rien négligé pour
rendre l'autorité odieuse : l'appui qu'ils prête-
raient à de lâches et vils délateurs, ou à des
magistrats prévaricateurs ou concussionnaires,
serait pour eux d'une utilité fort douteuse ; et,
dans l'alternative de perdre les secours des per-
sécuteurs ou l'appui de ceux qui ont été leurs
victimes, la préférence qu'ils donneraient aux
premiers, serait pour les Français d'un sinistre
présage.

Une objection sera peut-être opposée à ma
demande : on dira qu'avant de former une action
contre les agens du gouvernement dont je crois
avoir à me plaindre, je dois en obtenir l'autorisation du Conseil d'état. Si cette objection
était faite sous l'empire des constitutions impériales, elle pourrait avoir quelque apparence de
solidité ; mais, sous l'empire de la charte, on ne
sait sur quel texte de loi on pourrait la fonder.

Par les lois du 1.er décembre 1790 et du 6
juillet 1791, le corps connu à cette époque sous
le nom de Conseil d'état, fut supprimé. Bonaparte, en s'emparant du pouvoir, fit un simu-
lacre de constitution, dans lequel il annonça

un conseil d'état : ce conseil fut plus tard organisé par des décrets impériaux, ou par des sénatus-consultes qu'on disait organiques ; les membres qui le composaient furent investis d'une espèce de magistrature qui ressemblait assez à celle des magistrats de l'ordre judiciaire ; ils étaient aussi indépendans les uns que les autres, ou, pour mieux dire, ils étaient également asservis. Les conseillers d'état, comme les juges, devaient être inamovibles après cinq années de service ; mais cela n'empêchait pas qu'ils ne fussent arbitrairement éliminés.

Il était dans les intentions du chef du gouvernement qu'aucune responsabilité ne pût être exercée contre ses agens, au moins sans son autorisation. En conséquence, il avait inséré dans la constitution qu'il avait faite, un article portant que les agens du gouvernement, autres que les ministres, ne pourraient être poursuivis pour des faits relatifs à leurs fonctions qu'en vertu d'une décision du Conseil d'état. L'ordre judiciaire était déjà asservi par l'amovibilité des juges pendant cinq ans ; il aurait pu cependant arriver que des magistrats intègres, oubliant leur intérêt personnel, rendissent la justice d'une manière impartiale. Mais la disposition qui subordonnait l'action de la justice à la volonté du Conseil d'état, anéantissait complètement l'indépendance de l'ordre judiciaire : car il ne saurait y avoir d'indépendance là où l'on ne peut agir que par la volonté d'autrui.

Il faut remarquer cependant qu'en subordonnant l'action de l'ordre judiciaire à la volonté arbitraire du Conseil d'état, on avait établi deux exceptions à cette règle : la première pour les cas où il avait été porté atteinte à la liberté des citoyens; et la seconde, pour les cas où la liberté de la presse avait été entravée. Les constitutions impériales avaient établi dans le Sénat deux commissions, qui étaient exclusivement chargées de ce genre d'affaires, et qui devaient en rendre compte au Sénat, chargé de prononcer. Le Conseil d'état, sous les constitutions de l'empire, était donc étranger aux questions relatives aux atteintes portées à la liberté individuelle.

Ce serait une question importante à résoudre, que celle de savoir si la chûte du gouvernement impérial a entraîné la chûte des constitutions de l'empire. On ne peut, en effet, admettre d'intermédiaire : il faut convenir ou que nous nous trouvons sous l'empire des lois de 1790 et 1791, qui proscrivent l'existence de tout conseil d'état, ou qu'elles existent encore, et qu'alors la charte n'est qu'un véritable acte additionnel aux constitutions de l'empire Si les constitutions impériales n'existent pas, il ne peut pas être question de s'adresser au conseil d'Etat, puisque l'existence de ce conseil est contraire aux lois déjà citées, maintenues par l'art. 68 de la charte. Si, au contraire, elles existent, il faut reconnaître les institutions et les règles de compétence qu'elles avaient créées. Il faut rétablir dans la chambre des pairs, représentant le sénat, cette commission de la liberté de la presse, et cette autre commission qu'on appelait de la liberté individuelle, dont l'existence protestait au moins contre l'oppression que faisait peser sur nous le gouvernement impérial.

Mais ce serait faire injure au Roi que d'admettre qu'il a basé sa charte sur la constitution consulaire, ou sur les actes du Sénat-conservateur. Les motifs et le dispositif de la loi fondamentale repoussent une semblable idée, et l'*ordonnance* qui crée le Conseil d'état actuel, est elle-même une preuve de la non-existence des constitutions impériales. Cette ordonnance repose en effet, non sur la disposition de la constitution consulaire qui rétablissait le conseil d'Etat, mais sur des règlemens abrogés par les lois des 1er décembre 1790 et 6 juillet 1791.

« Notre intention, est-il dit dans le préambule de l'ordonnance du 29 juin 1814, étant de compléter incessamment l'organisation de notre conseil, nous nous sommes fait représenter *les réglemens faits par les Rois nos prédécesseurs sur cette matière*, et nous avons reconnu qu'il serait difficile d'arriver à un meilleur système. »

Il résulte clairement de ce passage que

l'existence du Conseil d'état actuel ne repose que sur des règlemens abrogés, et que par conséquent ce conseil ne peut pas exercer la juridiction qui appartenait au Conseil d'état du gouvernement impérial; et quand même on supposerait qu'il peut l'exercer, il serait encore étranger aux questions relatives aux atteintes portées à la liberté individuelle, puisque sous le gouvernement impérial, la connaissance des atteintes de cette nature était dans les attributions du Sénat.

J'ajouterai qu'on ne peut subordonner l'action des tribunaux à l'autorisation du Conseil d'état, sans détruire de fond en comble l'indépendance du pouvoir judiciaire. Comment concilier en effet l'indépendance de ce pouvoir, avec une disposition qui ne lui permettrait d'agir que sous le bon plaisir du pouvoir exécutif, et qui lui interdirait de prononcer sur les réclamations des citoyens, avant d'en avoir obtenu la permission d'un conseil composé, salarié et destituable par le pouvoir exécutif?

Ce qui constitue l'indépendance du pouvoir judiciaire, ce n'est pas l'inamovibilité des juges. Les juges pourraient être inamovibles, et le pouvoir judiciaire très - dépendant : cela aurait lieu si les magistrats, non révocables, ne pouvaient se réunir, délibérer, rendre leurs jugemens qu'en vertu de l'autorisation qui leur en serait donnée dans chaque cause. Un tel asservissement serait le pire de tous, puisqu'il ne permettrait pas même aux juges d'examiner, et transporterait le pouvoir judiciaire dans l'individu ou dans le corps qui pourrait à sa volonté accorder ou refuser l'autorisation.

La décision par laquelle le Conseil d'état, c'est-à-dire le conseil des ministres ou le ministère lui même, refuserait d'autoriser les poursuites dirigées par un particulier contre un agent du gouvernement, ne serait en effet qu'un véritable jugement : ce serait un jugement d'absolution pour l'inculpé, ce serait un jugement de condamnation pour celui dont la demande serait irrévocablement rejetée ; et ce jugement serait rendu à huit clos, et par des agens révocables à volonté : ce jugement serait rendu en premier et en dernier ressort, quelle que fût la valeur de la chose demandée. Ainsi, par exemple, un préfet qui aurait envahi les propriétés d'un citoyen, ou qui aurait spolié sa maison, ou qui l'aurait soumis à des impôts arbitraires, ou qui se serait fait souscrire des billets, devrait être jugé d'abord par le conseil du ministère, et si ce conseil jugeait à propos d'approuver la spoliation, la personne qu'il aurait dépouillée serait, sans retour, privée de sa fortune.

Par sa proclamation de Saint-Ouen, du 2 mai 1814, le roi a déclaré en propres termes que les juges seraient *inamovibles* et *le pouvoir judiciaire indépendant* : cette déclaration est devenue une des bases de la charte. Or, peut-on supposer qu'en promettant aux Français des tribunaux indépendans , le Roi leur a garanti des tribunaux qui ne pourraient prononcer dans chaque cause , qu'après en avoir reçu l'autorisation du ministère ou des conseillers , ses subordonnés.

EN RÉSUMÉ, j'ai été poursuivi , arrêté, mis en surveillance par des agens, qui avaient à satisfaire des ressentimens personnels ; mes portes ont été brisées , mes propriétés dégradées par l'ordre de ces agens et par leurs subordonnés ; un sous-préfet m'a fait enlever mes armes; il m'a obligé de lui souscrire un billet de six cents francs, pour recouver ma liberté , et il m'a été impossible d'en obtenir la restitution. Je me suis adressé à l'autorité pour obtenir justice des vexations que j'ai essuyées , et je n'ai pu parvenir à me faire entendre. Il ne me reste plus qu'à réclamer auprès de la chambre des députés, et à la supplier de vouloir bien intervenir, 1° pour que le ministre de la police ait à me communiquer les dénonciations qui ont motivé mon arrestation et ma mise en surveillance , pour que M. Perrin Dulac, sous-préfet, soit tenu de me fournir les noms des dix personnes prétendues recommandables désignées dans ses questions pour m'avoir dénoncé ; sauf à moi à poursuivre devant les tribunaux, ainsi qu'il appartiendra ; 2°. pour me faire restituer les armes qui m'ont été enlevées, et le billet de six cents francs que le sous-préfet de Rambouillet m'a forcé de lui souscrire.

J'ai l'honneur d'être avec respect votre très-humble, très-obéissant. serviteur,

Messieurs,

NOYER,

Ancien agréé au tribunal de commerce, ancien notaire, et propriétaire de la terre de Bli-gny, commune de Brüs, canton de Limours, département de Seine - et - Oise, domicilié à Paris, rue de la Tixéranderie, n°. 23.

Paris, le 23 avril 1818.

———

P. S. *J'ai vainement adressé mes réclamations à M. le sous-préfet, à M. le préfet ; c'est vainement que j'ai demandé justice à M. le ministre de la Police, à M. le procureur-général et auprès de Mgr. le Chancelier par le renvoi que lui fit S. A. R. Monsieur, comte d'Artois, de ma pétition ; toutes mes pétitions sont demeurées sans réponse. Ce n'est donc qu'après avoir épuisé le degré des juridictions que je me suis décidé à demander, aux mandataires de la nation, une justice que j'ai vainement réclamée des autorités administratives et judiciaires.*

———

(43)

QUESTIONS

Envoyées par M. Perrin-Dulac, sous-Préfet, à Noyer, pendant sa détention, le 16 octobre 1816.

Je ne me rappelle pas les réponses que je fis sous les verroux : privé de mes pièces, je ne pouvais pas relever les contradictions aussi positivement, que je le fais aujourd'hui.

Ire. QUESTION.

Dès mon arrivée à Rambouillet, vous m'avez été signalé, non par le maire de votre commune (je n'ai eu aucun rapport de lui ni de son adjoint à votre égard), mais par dix habitans recommandables de vos environs, comme un homme dangereux, ennemi de tout gouvernement, excepté de celui de Robespierre et de Marat.

RÉPONSE.

M. le sous-préfet affecte d'isoler ici, entre deux parenthèses, Pierrellée, du nombre des dix personnes recommandables; et puis, à la 7e Question, il me nomme ce même Pierrelée comme mon dénonciateur.

Comment dix personnes auraient-elles pu déposer que j'étais partisan des régimes de Robespierre et de Marat, lorsqu'il n'y a que puinze ans, que je suis dans cet arondissement, et qu'avant cette époque, ils ne me connaissaient en aucune manière,

2e. QUESTION.

15 novembre, en répétant les mêmes inculpations, on vous a fait connaître pour être l'ami de tous les mauvais sujets que vous endoctriniez, et l'ennemi de tous les honnêtes gens, pour lesquels vous affectez un mépris tout particulier.

RÉPONSE.

Ce sont sans doute les mêmes dix personnes *recom-*
mandables, qui seront venu une seconde fois me dénoncer. Pourquoi n'auraient-elles pas dit, dans leur
première dénonciation et quelques jours auparavant, ce
qu'elles déposent aujourd'hui.

A entendre M. le sous-préfet, il faudrait croire que
la commune que j'habite ne serait composée que de
mauvais sujets, puisque ce qu'il y a de propriétaires, de
fermiers, de notables, y compris quatre anciens maires,
fatigués de l'administration de Pierrellée, me nommèrent
maire à sa place.

5e. QUESTION.

Le 18 du même mois de novembre, on vous a peint
comme un ennemi du Roi et de sa famille, ayant tenu,
à la fin de 1814, des propos infâmes contre ces objets
de vénération.

RÉPONSE.

Comment les dix personnes *recommandables*, qui
seraient revenu le 15 pour me dénoncer une troisième
fois, auraient-elles encore gardé le silence sur un point
aussi grave, et seraient-elles revenues exprès deux
jours après pour compléter leur dénonciation sur un
fait qui leur était connu depuis si long-temps?

Voilà donc trois déplacemens spontanés dans l'espace
de quinze jours, faits par dix habitans qui, dans une
saison rigoureuse, par des chemins de traverse, à six
lieues de distance, se seraient réunis pour venir à trois
reprises différentes me dénoncer.

4e. QUESTION.

Vous avez été ensuite accusé d'avoir dit des injures les
plus grossières *de la famille royale* et *des magistrats*, dans
le courant de 1815.

RÉPONSE.

C'était en février 1815 que Pierrellée, pour accréditer
sa plainte personnelle, fournissait un procès-verbal d'un

garde champêtre , et une lettre confidentielle que j'avais écrite au percepteur , et faisait la remarque que je disais des injures du Roi et des magistrats. Ici M. le sous-préfet copie servilement Pierrellée.

5e. QUESTION.

Avant le 20 mars vous alliez dans les cabarets , engageant les hommes de la campagne , sur lesquels vous exerciez l'influence que donne l'audace et la méchanceté, à ne pas payer leurs impositions.

RÉPONSE.

Cette question est textuellement extraite de la plainte de Pierrellée , du 8 février, par laquelle, en parlant de son patron , il disait : *Délivrez-nous d'un fléau insupportable* : *Noyer empêche les habitans de payer leurs impositions.* A cette époque , l'on ne me prêtait pas de prétendus vices d'intempérance; mais M. Perrin-Dulac ne voulait pas se borner à suivre à la lettre la déposition de Pierrellée ; il voulait renchérir sur lui ; un sous-préfet ne pouvait pas se borner à répéter ce que disait un maire de campagne. Aussi, voyez comme M. Perrin-Dulac a recours à l'amplification !

6e. QUESTION.

Etes-vous, ou n'êtes-vous pas franchement attaché au gouvernement monarchique et à la personne du souverain.

RÉPONSE.

Qu'aviez-vous besoin de me mettre sous les verroux, pour me faire une pareille question, mon opinion est ma propriété : votre droit d'examen ne s'étend pas au-delà de mes actes extérieurs.

7e. QUESTION.

Vous avez déclaré au maire de votre commune que vous aviez livré vos armes aux troupes étrangères quoique ce fût faux.

RÉPONSE.

Ici M. le sous-préfet laisse tomber tout-a-fait le man-
teau dont il avait essayé de couvrir le maire Pierrelée.
Pour le coup c'est bien Pierrellée qui est mon accusateur;
M. Perrin – Dulac en convient lui - même. Je crains
bien qu'il n'en soit de son imagination toujours dispo-
sée à grossir les objets, comme de celle du héros de
la Manche. Je ne veux pas dire pour cela qu'il prenne des
moulins à vent pour des géans; mais ne voilà-t-il pas
que quatre mauvais fusils de chasse sont transformés en
un vaste arsenal, où tous les factieux trouveront autant
d'armes qu'il peut leur en falloir pour opérer une révo-
lution !

8e. QUESTION.

Vous avez dit que vous aviez remis des armes à des amis
respectables. Quels sont-ils ? je vous somme de me les
nommer.

RÉPONSE.

A qui ai-je fait une pareille déclaration? J'aurais prêté,
je suppose, des fusils de chasse à des amis pour venir
chasser avec moi dans ma terre, qne je ne vous les nom-
merais pas; vous en feriez des suspects, et le nombre en
est déjà assez grand, pour que je n'en fournisse pas de
nouveau à vos menus plaisirs.

9. QUESTION.

Vous avez caché vos fusils dans les pailles de votre
fermier.

RÉPONSE.

A qui ai-je encore dit cela ? En supposant que j'eusse
caché mes fusils de chasse dans la paille, lorsque le général Blucher avait ordonné le désarmement, c'est que
j'aurais voulu les soustraire à des perquisitions qui avaient
presque l'air de spoliations.

10e. QUESTION.

Pourquoi avez-vous fui, lorsqu'on a été vous signifier
l'ordre de vous rendre en surveillance.

RÉPONSE.

Qui n'aurait pas été alarmé à l'aspect d'une compagnie de gendarmes qui venaient pour me lier, me garotter? convenez que pour me notifier un arrêté de surveillance, il n'était pas nécessaire de déployer un appareil aussi scandaleux.

11_e. QUESTION.

Pourquoi depuis trois mois avez-vous refusé d'obéir aux ordres des magistrats , même à ceux du ministre ?

REPONSE.

Je n'avais pas oublié les mauvais traitemens que vous m'aviez fait éprouver, lorsque je me transportai à Rambouillet pour m'expliquer avec vous: je voulais prévenir votre acharnement à m'humilier.

12_e. QUESTION.

Pourquoi adressiez-vous vos lettres à M. Bexon jurisconsulte, quoiqu'il ait déclaré ne pas vouloir les recevoir.

REPONSE.

M. Bexon, à qui j'ai communiqué cet article , m'autorisa par écrit, a faire cette reponse à M. le sous-préfet.

Dans les temps ou je m'étais retiré à Paris afin de conserver ma liberté, j'allai consulter, il est vrai, M. Bexon, jurisconsulte.

Il voulut bien m'entendre, mais ne pouvant me donner aucun conseil relativement à une affaire administrative , environné de mystère, me voyant dans l'agitation violente dont il était difficile de me défendre, il s'attacha à la calmer. Il me fit sentir la différence de l'action des tribunaux d'avec celle des administrations, le danger, l'impossibilité même de trop se roidir contre celleci, et la sagesse qu'il y avait à certaine résignation.

J'écrivis, sous sa dictée, à M. Perrin-Dulac, une lettre révérencielle, par laquelle je le priai de me communiquer les charges qui pouvaient exister contre moi : il porta l'intérêt que ma position méritait, jusqu'à me dire que, dans la lettre qu'il me dictait, je pouvais le nommer, et dire à M. le sous-préfét qu'il pourrait lui adresser sa réponse.

C'est de la loyauté de ce conseil, que M. le sous-préfet, voulant profiter basément pour découvrir ma retraite, mit en mouvement la police de Paris, qui manda M. Bexon, pour le questionner sur le lieu où je pourrais être retiré.

Mais la délicatesse de celui-ci l'avait empêché de me le demander : il ne le savait pas , et, l'eût-il su, on devait être bien assuré qu'une telle confiance ne serait pas trahie.

M. Perrin-Dulac, pour son honneur, aurait mieux fait de se taire, que de provoquer des explications qui le couvrent de confusion.

13e. QUESTION.

Pourquoi, dans votre dernière lettre , faites-vous des rapprochemens entre les arrestations que vous avez éprouvées sous Robespierre , et celle dont vous êtes menacé?

RÉPONSE.

J'étais plus que menacé, puisque j'étais réellement en arrestation. Quant aux rapprochemens que vous me reprochez d'avoir faits, il me semble que ce n'était pas moi qui les faisait. Ils étaient la conséquence nécessaire des mêmes traitemens. Je me trouvais encore une fois dans les fers, victime de la même violence , au milieu de la même exagération, et je dirais presque au milieu des mêmes hommes.

14e. QUESTION.

Pourquoi avez-vous manqué de respect au tribunal de Rambouillet, qui vous a condamné à trois jours d'emprisonnement, en disant que vous avez été brutalisé ?

RÉPONSE.

Si je n'ai dit que cela , c'est bien peu de chose. M. le sous-préfet , qui avait juré de faire exécuter ce jugement, y revient toujours : c'est le pivot sur lequel il a

(49)

fait tourner toutes ses manœuvres : c'est pour l'exécution de ce jugement qu'il a mis habit bas , pour venger les préfets, dans la personne de Pierrellée , des irrévérences contenues dans la lettre confidentielle que j'avais écrite au percepteur.

15e. QUESTION.

Pourquoi dites-vous , en parlant de dénonciateur, que les principes moraux et sociaux sont détestés , et que la justice est en deuil ?

REPONSE.

J'invite M. le sous-préfet à mieux lire : en disant que l'accueil fait aux dénonciations secrètes, était un appel fait à la démoralisation , et que ces dénonciations détendent et usent les ressorts de toute harmonie morale, je ne me suis point servi de l'expression de détesté , mais celle de *dilaté.* Ma phrase n'est peut-être pas la plus correcte ; mais , en la rétablissant, elle sera intelligible.

16e. QUESTION.

Pourquoi votre commune , et celles environnantes , sont-elles plus calmes depuis votre absence, et étaient-elles agitées pendant votre séjour ?

REPONSE.

Qui vous a déposé de ces faits ?....

17e. QUESTION.

Est-il vrai que vous avez chassé *sans port d'armes* depuis votre retour à Bligny ?

REPONSE.

Votre question est purement *bursale.*

18e. QUESTION.

Avez-vous été ou non accompagné, dans votre chasse , par l'ancien garde de M. Lesparda ?

REPONSE.

Si M. Perrin-Dulac a de longues oreilles pour entendre les dénonciations, il faut convenir qu'il a bien peu de discernement pour les apprécier. Qu'importe à la chose publique que j'aie ou non été accompagné par l'ancien garde de M. Lesparda ?

Signé **PERRIN-DULAC.**

PLAINTE

DE M. PIERRELLÉE

CONTRE NOYER,

Adressée au tribunal correctionnel de Rambouillet.

ARTICLE Ier.

L'AN 1815, le 8 février, avant midi, le sieur Noyer s'est présenté à la mairie, pour me dénoncer mon adjoint Denis Binet, pour que je lui fisse restituer un modique salaire d'un sol par franc, *qu'il avait, de son propre mouvement, payé à l'adjoint*, en récompense des peines qu'il avait prise à faire des relevés de bordereaux.

Au surplus, mon adjoint ne faisait que recevoir une indemnité relative à ses pertes de tems, et n'avait fait que suivre l'exemple des maires des autres communes.

REPONSE.

Pierrellée ne peut pas dissimuler qu'il y a concussion ; mais, à l'en croire, cela ne le regarde pas ; c'est son adjoint qui se mêle de ces menus détails. Le brave homme que Denis Binet adjoint ! il se contente de cinq centimes par franc, et encore ne les prélève-t-il que pour s'indemniser des peines que lui cause le relevé des bordereaux. Il est bien vrai qu'il lui est enjoint de faire ce relevé gratuitement. Mais on n'a pas l'habitude de travailler pour rien ; et puis d'autres maires ont fait comme lui ; l'exemple encourage ; et il est si facile de prélever cinq centimes par franc sur de pauvres paysans, qu'il faudrait avoir je ne sais quelle vertu pour résister à la tentation. Aussi Pierrellée s'est-il empressé de faire comme les autres, et parce qu'il m'a trouvé disposé à réclamer dans l'interêt de ses administrés contre un impôt que j'avais payé comme eux, malgré que je susse qu'il n'était pas exigible, je suis devenu le perturbateur de l'ordre public, je refuse les impôts, et j'engage mes concitoyens à ne pas payer. Il faut convenir que si une pareille dénonciation n'était pas l'ouvrage d'un homme de mauvaise foi, il n'y a qu'un insensé qui pourrait l'avoir faite. Je laisse le choix à M. Pierrellée.

Il en est de Pierrelée, de son adjoint, ainsi que des autres maires, huissiers et perruquiers, qui prélevaient cinq centimes par franc, pour un travail que la loi leur prescrivait de faire gratuitement, comme d'un larron qui se trouverait nanti de la montre ou du mouchoir de son voisin, et qui dirait : Je n'ai point dérobé, mais reçu un cadeau.

ART. II.

De plus Noyer se plaignait contre le percepteur La Roque, qui percevait des impositions.

RÉPONSE.

Pierrellée entendait parler de l'impôt des vingt centimes par franc que M. Delaitre avait levé, et qui furent défendus par le corps législatif, c'est une préparation aux articles qui vont suivre.

ART. III.

Je veux imposer silence à Noyer, il se permet de dire, frappant à grands coups de poings sur mon bureau : « qu'il allait faire casser M. Delaitre, préfet, parce qu'il faisait payer des impôts qui n'émanaient pas des loix positives ; il dit de lui, ainsi que des autres magistrats, des choses qui ne peuvent trop se repeter, tant elles sont horribles au-delà de l'expression.

Irrité d'un tel scandale dans ma maison, j'engage le sieur Noyer à sortir sur l'heure de mon cabinet, il se retire d'abord, et puis dit qu'il ne sortira pas, alors je vais pour appeller du secours.

RÉPONSE.

Pierrellée n'indique point ici ses clercs ou pensionnaires, s'il les a supposé depuis présent aux irrévérences, c'est qu'on lui fit sentir la nécessité d'avoir des preuves.

ART. IV.

Noyer entendant appeller du secours, tout en marchant, me suit avec une chaise pour m'en frapper ; cependant la crainte de voir arriver du secours, le désarme, il jette la chaise à mes pieds.

REPONSE.

Si Pierrellée prétend que ce fut la crainte de voir arriver du secours, lorsqu'il criait à la garde, qui me rendit plus circonspect, implicitement il convient de l'absence de ses clercs ; car en les supposant présens, trois hommes pouvaient bien en contenir un, je ne suis pas un Hercule.

ART. IV.

Ce fléau de la société ne se contente pas d'invectiver, il empêche les habitans de la commune de payer leurs contributions.

RÉPONSE.

M. le sous-préfet, dans sa 5e. question, a encore répété cette même calomnie.

Pierrelée, qui voulait se venger contre son patron, de ce qu'il l'avait contrarié sur des concussions notariales et de mairie, ne se rappelait pas de ce qu'il lui avait écrit depuis son établissement : « Que je me trouve heureux, » mon cher prédécesseur, quand je songe au bonheur » d'avoir succédé à un homme aussi généreux. »

ART. V.

On voit, par la lettre ci-jointe, qu'il a écrite au percepteur, quelle est l'espèce de contribution dont il empêche le paiement, « et on juge du ton impertinent avec lequel » il parle mal de M. de Laitre, préfet. »

« Ce n'est pas la première fois que Noyer dénigre

» toutes les autorités supérieures. Bien des fois j'aurais.
» pu dresser procès-verbal ; mais , pour cette fois , il m'a.
» ôté tous ménagemens. »

RÉPONSE.

On sait maintenant de qu'elleespéce de contribution j'em‑
pêchais le payement, il est constant que j'avais commencé.
par la payer , tout illégale qu'elle était, et que c'était au.
nom des habitans de la commune , moins que dans mon
intérét personnel, que j'avais reclamé dans la suite ; du
reste, la plainte de Pierrellée est un tissu de mensonges,
plus grossiers les uns que les autres : il sent son impuis‑
sance contre la vérité des faits , aussi voyez avec quel art
il rappelle le préfet à son secours, avec qu'elle adresse il
l'intéresse à sa vengeance , comme il l'associe à une ré‑
paration qu'il sent bien qu'il ne pourrait pas obtenir, par
lui-même ; à l'en croire , j'ai menacé de faire destituer le
préfet : c'est plus la cause de ce magistrat que la sienne ,
qu'il a entreprise de défendre , il serait disposé à oublier
ce qui lui est personnel, mais M. le préfet a besoin d'une
réparation, et c'est pour l'obtenir cette réparation qu'il a
rédigé la plainte qu'on vient de lire. Oh! l'honnête homme
que le maire Pierrellée, avec quel noble désintéressement
il épouse la cause de son prochain ! Je félicite M. de
Laitre d'avoir trouvé en lui un si puissant protecteur ,
chassé du sein de sa famille , authentiquement repoussé
par les habitans de la commune de Briis, il ne manque
plus à Pierrellée pour jouir d'un triomphe complet que
de recevoir des mains de celui qu'il a si courageusement
défendu le Bonnet de docteur en DENONCIATION. Je
connais plus de vingt personnes qui lui donneront un
brevèt de capacité au besoin, après avoir éprouvé son
savoir faire en cette partie.

Signé , PIERRELLÉE.

Imprimerie de POULET , quai des Augustins, n°. 9.